LA MÉNAGERIE DE BÉBÉ

NOUVEL ALPHABET EN IMAGES

PAR Mᵐᵉ DOUDET

PARIS

LIBRAIRIE DE THÉODORE LEFÈVRE ET Cᶦᵉ

RUE DES POITEVINS

LA
MÉNAGERIE
DE BÉBÉ

ANTILOPES ATTAQUÉES PAR DES LÉOPARDS.

ba be bi

bo bu

ca

ce

ci [1]

co

fa

fe

fi

fo

fu

da de di

do du

ha [2]

he

hi

ho

hu

ja

je

ji

LA FOSSE AUX OURS.

ga ge gi go gu la jo

le li lo lu ma me mi ju

mo mu na ne ni no nu pa

pe pi po pu ra re ri ro

(1) Devant E, I, le c se prononce comme s — se-si.   (2) La lettre H, *que l'on nomme* ACHE, *ne se prononce pas.*

FAIRE LIRE LES EXERCICES DANS TOUS LES SENS

LES IMPRUDENTES VONT SE FAIRE PRENDRE.

ru
sa
se
si
so

PRENEZ GARDE, MES ENFANTS !

su ta te ti to tu va ve vi
vo vu lo de na be gi no tu
va ve vi vo vu ca *ce* *ci*
co   cu
na   ne
ni   no
fa   xe
ri   xo
ty   xu
ly   re

IL A ENTENDU DU BRUIT, VOYEZ COMME IL EST INQUIET.

LA RÉCRÉATION

LETTRES MAJUSCULES

A B C D E F G

H I J K L M N

O P Q R S T U

V W X Y Z

a b c d e f g h

i

j

k

l

m

n

o

p

q

r

s t u v w x y z

A B C D E F G H I J K L M
N O P Q R S T U V X Y Z
a b c d e f g h i j k l m n o p q r s t u v x y z

SAUVE QUI PEUT.

pa-pa
ca-ge
ma-re

LE CERF ET SES ENFANTS.

pi-pe
pa-pe
fa-de
ta-pe
lo-to
ca-ve
li-me
lu-ne

ILS VONT SE BATTRE

po-li
ta-re
bo-bo
ki-lo
vi-de
tu-be
ri-ve
ri-re

ti - ra - ge
na - vi - re

gi - ra - fe
ce - ri - se

ju - ju - be
pa - ro - le

pu-ce
ro-be
du-pe
co - ke

PAPA VA SE PROMENER.

MÉDOR VA AVEC LUI.

la-me
ca-le
mo-de
da-da
lu-ne
vi-te

so-le
pi-pe
ju-pe
ri-ve
lo-ge
ru-de

LE CHEVAL ARABE.

la
ti
re
li
re

LES JOLIES POULES!

LE DINDON ET LA DINDE.

ri-va-ge
bo-bi-ne
pa-ro-le
pa-ra-de
mo-ra-le
do-mi-no

ca-ba-ne
ti-sa-ne
pa-ru-re
sa-la-de
pe-ti-te
pi-lo-te

PAUVRE PETITE SOURIS.

ACCENTS

é	è	é î â ô û		
é	bé	dé	fé	pé
è	lè	nè	bè	sè
é	fê	dô	pâ	râ

CHÈVRE.

BÉLIER.

bâ-ti
pe-lé
tê-te
rê-ve
zè-le
cô-te
gî-te
pô-le

LE PLUS BEAU COQ ET LA PLUS BELLE POULE DE LA BASSE-COUR.

pâ-té
râ-pé
ju-té
cu-ré
bé-bé
vi-dé
pô-le
rô-le

DOGUE.

ré-pé-té   vé-ri-té
ca-na-pé   dé-vo-ré
co-lè-re   to-lé-ré
ré-fé-ré   vé-nè-re

ANON.

dô-me   mo-dé-ré   mo-dè-le   me-né
mi-né   ra-me-né   re-mè-de   ca-lé
mè-re   mi-sè-re   dé-co-ré   râ-le
pè-re   fè-ve
zé-ro   dô-me
cô-té   fi-ni
râ-pe   dî-me
la-vé   dé-jà
cu-ré   lè-ve
pâ-té   rô-ti
gî-te   ca-fé
hâ-te   rê-ve
bê-te   ai-mé

LE REPAS DES AIGLONS.
(PAUVRE LAPIN!)

Bé-bé se lè-ve-ra à mi-di
La-ve la ro-be de Cé-li-ne
Ca-ro-li-ne a re-vu sa mè-re
La pu-re-té de la mo-ra-le

le do-mi-ci-le
pa-pa fu-me
le ci-ga-re
la pe-ti-te li-li
va à la ca-ve

LE ZÈBRE

le ca-na-pé a
é-té a-bî-mé
la pi-lu-le de
la ma-la-de
se-ra a-va-lée

LE SOIR, LE TROUPEAU RENTRE A L'ÉTABLE.

il a vi-te sa-li
u-ne gi-ra-fe
va vi-te li-re
la-ve le pa-vé
fu-me ta pi-pe

LE LIÈVRE SE CACHE POUR
ÉCHAPPER AU CHASSEUR.

la co-lè-re vi-ve
la ro-be de bu-re
il a vi-dé la cu-ve
u-ne ti-re-li-re
le ba-di-na-ge

PRENEZ GARDE, IL NE DORT QUE D'UN ŒIL.

A na to le a é té le mo dè le de l'é co le.
Bé bé a vu le jo li do mi no de Jé rô me.
Bé bé a sa li u ne i ma ge a I si do re.
A dè le a vu la pe ti te Cé li ne du ri va ge.
Ho no ri ne a a bî mé sa ca po te ro se.
Le ma la de a bu de la ti sa ne a mè re.
La ra fa le a je té le na vi re à la cô te.
La do ci le Ho no ri ne va li re sa pa ge.
La gi ra fe a dé jà a va lé sa pâ tu re.
Cé li ne a dé vi dé la bo bi ne de sa mè re.
Le pa va ge de la pa go de a é té a bî mé.
É mi le a vi te fu mé le ci ga re de pa pa.

ac ec ic oc uc   ab eb ib ob ub
af ef if of uf   ad ed id od ud
al el il ol ul   ag eg ig og ug
ap ep ip op up   ak ek ik ok uk
as es is os us   ar er ir or ur
ec of ed ar ot   at et it ot ut

L'AMI DE BÉBÉ.

DROMADAIRE.

LÉOPARD.

bac tec sol   tuc bol col
lif nap bif   dol fol gol
sar vul lap   bar dar car
vor ter dis   far gar har
mel lec for   jar lar mar
luf nop sal   nar var bar
boc vis vir   cor dor for
buc tic tos   lor mor nor
tac bec nov   ber der fer
toc bic let   ver bis dis

LE ROI DES ANIMAUX.

Le par-ta-ge de la ter-re et du mou-lin se fe-ra vi-te.
La ré-col-te de la fer-me a é-té bel-le et bon-ne.

dis-pu-te
for-tu-ne
lec-tu-re
ré-col-te
as-per-ge
bas-ti-de
ga-let-te
par-ta-ge
jus-ti-ce
se-mel-le
bor-na-ge
ti-ret-te
car-na-ge

L'ORANG-OUTANG ET SON ENFANT.

Il a per-du le ca-nif de pa-pa
Jus-ti-ne a fi-ni sa lec-tu-re
La ti-ret-te de la bel-le bot-ti-ne.

mor-su-re
per-ver-tir
pos-tu-re
dis-pu-te
le cap-tif
oc-to-go-ne
u-ni-for-me
car-na-val
ca-po-ral
tri-co-lo-re
vic-ti-me
pâ-tu-ra-ge
ac-ti-vi-té

ia
ié
iè
io
iu
ua
ué
ui
iê
ùe
uè

LES PERDRIX VEILLENT SUR LEURS PETITS.

LE PETIT GARDEUR DE CHÈVRES.

LA LIONNE ET SES PETITS.

bia mia
cia nia
dia pia
fia via
gia sia
hia tia

LES LOUPS DÉVORENT LES MOUTONS.

L'é-tu-de du pia-no est a-ri-de et bien dif-fi-ci-le.
La pe-ti-te Cé-li-ne a vu le dio-ra-ma de Pa-ris.
Le par-ta-ge du ra-ta-fia a a-me-né u-ne dis-pu-te.

LES CASTORS CONSTRUISENT LEURS HUTTES AU MILIEU DES FLEUVES.

bié vié
dié sio
fié tio
lio biu
mié dia
nia fiu
rié mia

———

moi-ne
voi-tu-re
a-mi-tié
va-rié-té
al-tiè-re
co-ria-ce
diè-te

lua rué
nua tué
pua vué
dio bué
sua cui
tua dui
vua fui

———

ci-er-ge
pri-è-re
sai-sie
a-ca-cia
ta-niè-re
no-ya-de
ci-viè-re

NOS PREMIERS AMIS A QUATRE PATTES.

Ma rie a per du la fio le
La ri viè re a bien dé bor dé
Re gar de la ca val ca de
Le lion a u ne cri niè re
La cul tu re pro duc ti ve
Jus ti ne a cor dé le sac
Ad mi re ce jo li nua ge

le via duc
al tiè re
sa liè re
so cié té
la pié té
l'a mi tié
la diè te
va rié té

ELLE EST SUIVIE DE TOUS SES PETITS.

le pia no
ma niè ce
sa fio le
ma ria ge
lu miè re
dia dè me
ra ta fia
ri viè re

au	bau		dau	fau
eu	beu		deu	feu
ou	bou		dou	fou
ai	bai		dai	fai
ei	bei		dei	fei
oi	boi		doi	foi
an	ban		dan	lan
on	bon		don	ton
in	bin		din	vin
un	tun		dun	lun

LE CONDOR EST UN DES PLUS FORTS OISEAUX DE PROIE.

Oh ! le beau bou ton
C'est au jour d'hui lun di
Il a ren ver sé de l'eau
Don ne un coup de ba lai
Je bois de bon vin
J'ai vu du feu loin d'ici
On la ve la voi tu re
Il y a un banc au jar din

BUSE (OISEAU DE PROIE)

MILAN (OISEAU DE PROIE)

loin-tain
pou-lain
lan-dau
ruis-seau
pour-tour

LE CERF DANS LA FORÊT

sau-teur
noir-ceur
cer-tain
cer-ceau
lai-tière

veau
pain
tour
vain
pour
seau
daim
leur
peau
beau
foin
loin
vous
feux
rois
laid
roue
bois
bouc
joue
seul

coin
soie
dieu
cour
rein
mois
loup
peur
fait
lois
lieu
bleu
roux
main
soin
foie
clou
pieu
four
sœur
œuf

SI AGILE QU'IL SOIT, LE TIGRE N'EST PAS TOUJOURS VAINQUEUR DANS UNE LUTTE
AVEC L'ÉLÉPHANT.

Nous i rons voir des jou joux a vec ma sœur.
On ne doit ja mais fai re mal aux a ni maux.
Lè ve-toi bien vi te pour al ler dé jeu ner.
Nous sau te rons à la cor de dans le jar din.

LA MÈRE LIONNE ET SA PETITE FAMILLE

J ai peur du loup
Il a man gé u ne pou le
Nous a vons bien jou é
Il a ven du la mai son
Le râ teau est cas sé
Ils ont de la pei ne
Le la bou reur est i ci
Voi ci u ne boî te noi re
I rons-nous en ba teau
Le ri deau est fer mé

Voi là u ne bon ne poire
Il y en a beau coup i ci
Le jar din a des fruits
Il y a aus si des fleurs
Je les ar ro se rai ce soir
Prê te-moi ton cou teau
J'ai per du le mien
Lé on a cou pé le pain
Nous a vons tout ran gé
Sa boîte a ren ver sé

La toi tu re neu ve a é té en le vée par le vent
La sou pe est ser vie, al lons bien vi te dî ner

An toi net te joue gen ti ment du pia no et du vio lon

Il a fer mé la por te de la ca ge
La cui ras se a été bien abî mée
Le lier re mon te sur les pier res
Ce lui qui a se mé ré col te ra
Mon cou sin a tu é un beau la pin
Voi là un gar çon re con nais sant
Le jar di nier ar ro se et ra tis se
Cet te boî te a u ne bon ne o deur
Il s'est en fui en voy ant le loup
Lé on a de vi lai nes ma niè res
La sa liè re a é té ren ver sée
Le vent a ren ver sé le ba teau
Ma niè ce a don né u ne ta ba tiè re
J'ai peur des a ni maux fé ro ces
Fais at ten tion, tu vas te sa lir

bla ble bli
blo blu cla
cle cli clo
clu fla fle
fli flo flu
gla gle gli
glo glu pla
ple pli plo
plu sla sle

cra cre cri
cro cru dra
dre dri dro
dru fra fre
fri fro fru
gra gre gri
gro gru pra
pre pri pro
pru vra vre

ENCORE UNE GORGÉE

cre-vet-te
plâ-tri-er
é-tri-viè-re
gla-neu-se
vi-gne-ron

ANE

PORC

pre-miè-re
prin-ces-se
maî-tres-se
es-piè-gle
ci-go-gne
bra-ce-let
dra-pe-rie
clo-por-te

MAITRE MINET

fli-bus-tier
gre-na-dier
la-bou-reur
ou-vriè-re
cri-mi-nel
cri-blu-re
sou-piè-re
dia-blo-tin

LA LOUTRE A VOULU MANGER LE POISSON DE L'ÉTANG ET ELLE S'EST LAISSÉE PRENDRE AU PIÈGE.
MÉDOR ET RUSTAUD PRÉVIENNENT LEUR MAITRE DE CETTE BONNE CAPTURE.

sta ste sti
sto stu sca
sce sco spa
spe spo spu
stra stre stri
gna gno gnu

LE GARDIEN DE LA MAISON.

pha phe phi
pho phu gna
gne gni gno
qua que qui
quo tra guo
gue hui gua

LA MAMAN REGARDE SES PETITS.

cha che
chi cho
chu tra
tre tri
tro tru

ILS ONT PEUR DES CHASSEURS.

char bon
pè cheur
cha ri té
cha riot
bran che
tri ni té
spa tu le
bri o che
cham bre
che ni lle
chan vre

LA SOURIS EST PRISE.

sta tu ai re
lor gnet te
vé né ra ble
tor chon
vi gne ron
cha peau
stra té gie
ri co chet
cho co lat
chan tier
sté ri li té

AZOR ABOYAIT EN TOUTE LIBERTÉ.

ON LUI A MIS UNE MUSELIÈRE.

PREMIÈRE REBELLION.

SUPPLICE DE TANTALE.

SOUVENIRS ET REGRETS.

DÉSESPOIR.

IL BRISE SA CHAINE ET PREND LA CLEF DES CHAMPS.

I
un

II
deux

III
trois

IV
quatre

V
cinq

VI
six

VII
sept

VIII
huit

IX
neuf

X
dix

IL RENCONTRE DE FAUX AMIS.

ON LE CROIT ENRAGÉ

IL PROTESTE CONTRE CETTE OPINION.   IL RÉVE QUE SES MAITRES LE RÉGALENT

XL
quarante

L
cinquante

C
cent

D
cinq cents

M
mille

LV
cinquante cinq

CX
cent dix

DXX
cinq cent vingt

LX
soixante

DC
six cents

DCL
six cent cinquante

MC
onze cents

AZOR EST PRIS ET RECONDUIT A SES MAITRES.

IL LES REVOIT AVEC BONHEUR ET JURE DE NE PLUS LES QUITTER.

IL Y A BEAUCOUP DE CERFS, DANS LA FORÊT.

Voilà la malice de cet espiègle
Ton frère est allé se promener
Place ce livre sur la table·
Le blé a été très-beau cet été
Cette promenade est agréable
Le crapaud est très-vilain
Le plâtre n'est pas bien sec
Un véritable ami est un trésor
La flûte s'entend de fort loin
Les choux-fleurs sont bien cuits
Il faut les mettre sur la table
Prenez garde, le café est chaud
Ce charbon brûle très bien

La cigogne fait son nid sur le toit
Regarde ces pauvres glaneurs
Apporte-moi ce pot de crème
Le dromadaire est bossu
L'écrevisse est bonne à manger
Le froid est vif cette année
Vous allez casser la vitre
Ferme la fenêtre, je te prie
Approche-toi de moi, mon enfant
Ton chignon est tout défait
Tes cheveux sont mal peignés
Ouvre la fenêtre de la chambre
La pièce est haute de plafond

VACHE.

CHEVAL.

La vache nous donne du lait
Avec le lait on fait le beurre
On fait aussi du fromage
On mène la vache aux champs
Elle mange de l'herbe fraîche
On la trait matin et soir.
Le chien est un bon animal
C'est le gardien de la maison
Il aime beaucoup son maître
Il garde aussi les moutons
Il les défend contre le loup
Ne lui faites jamais de mal
Ne lui tirez pas la queue
Car il pourrait vous mordre

Le cheval est utile à l'homme
Il traîne les charrettes
C'est un animal très-doux
On l'emploie à bien des travaux
Il mange du son, de l'avoine
On lui donne aussi du foin
Le cheval mange lentement
Il aime beaucoup le sucre
Il reconnaît bien son maître.
Le chat n'est pas aussi bon
Il égratigne bien souvent
Il attrape aussi des souris
Il grimpe sur tous les toits
Il est bien souvent voleur.

VOYEZ COMME CES SIX FORTS CHEVAUX TIRENT LE LOURD BATEAU
POUR LUI FAIRE REMONTER LE COURANT

LES JEUX ET LA TOILETTE DES PETITS TIGRES.

eil

corbeille
réveillon
vermeille
veilleur
corneille
pareille
réveiller
abeille
treille

ille

pastille
chenille
habiller
guenille
cédille
mantille
aiguille
charmille
vanille

euil

bouvreuil
effeuiller
écureuil
Auteuil
cerfeuil
fauteuil
chevreuil
treuil
feuille

ouille

quenouille
bredouiller
patrouille
citrouille
bouilleur
verrouiller
une fouille
andouille
brouillon

LES ÉCUREUILS JOUENT DANS LES SAPINS.

Les fruits de la treille
Le seuil de la maison
La rouille de la vis
Le pourvoyeur de gibier
Ma sœur est mouillée
Le brouillon de ta lettre
Voilà un rayon de soleil
Le chevreuil est sauvé
Il a veillé toute la nuit

Il a honte de mal faire
La treille est dévastée
Le beau collier de corail
La quenouille de la vieille
Allons vite en récréation
Suivez bien mes indications
Mon frère sait déjà sa leçon
Il a une rare instruction
Sa portion est trop petite

Eveille-toi, le soleil brille, et les abeilles butinent déjà
Les scieurs de long sont des travailleurs infatigables

résine
lésion
raisin
cousin
rosier
usine
maison
saison
oiseau
tison
oison
roseau
liseron
rasoir
rasade
diocèse
risible
besace
ciseau
diseur
réséda

croisée
casuel
misère
toison
rosace
disette
poison
basane
cloison
fuseau
casier
fusain
fusil
fusée
voisin
usage
besoin
fraise
érosion
poseur
résolu

LÉOPARD ATTAQUÉ PAR DES HYÈNES.

L'oiseau s'est vite envolé par la croisée du voisin
Les liserons ont grimpé sur les murs de la maison
La saison du raisin et des roses est très courte
L'usine de mon cousin a été brulée par des fusées

pren*d*
dan*s*
ban*c*
san*g*
temp*s*
accen*t*
succè*s*
cieu*x*
mieu*x*
frui*t*
vene*z*
vieu*x*
flan*c*
poi*s*
buch*e*
bass*e*
tapi*s*
défun*t*
dégà*t*
enfan*t*

chou*x*
nou*s*
vou*s*
mai*s*
met*s*
poid*s*
doig*t*
froi*d*
boi*s*
rou*e*
troi*s*
fau*t*
bientô*t*
paré*e*
taba*c*
palai*s*
napp*e*
glac*e*
jout*e*
arpen*t*

PAUVRE CERF! IL N'ÉCHAPPERA PAS AUX MÉCHANTS LOUPS.

Nos fruit*s* seron*t* bientô*t* mûr*s* ; il fau*t* les cueillir
Vene*z* voir le potager *, il est plein de légumes
On doit toujour*s* savoir nager, c'est très utile
Mettez le cache*t* sur la lettre, le facteur l'atten*d*

* A la fin des mots, l'*r* et le *z* tiennent souvent lieu d'accent aigu et le *t*, d'accent grave.

La girafe est admirablement formée par la nature pour être l'ornement des forêts, où elle broute les bourgeons des plus hautes branches. On la trouve dans l'intérieur de l'Afrique, mais presque toujours en petit nombre.

Son cou est très long et sa tête est petite, surtout pour un si grand corps ; elle est surmontée de deux espèces de petites cornes velues. Ses jambes très hautes, sont plus longues par devant que par derrière, et sa démarche est singulière, elle lance à la fois en avant les deux pieds du même côté.

Cette allure n'ôte rien à sa vitesse, qui est assez grande pour qu'elle puisse se mettre à l'abri des poursuites du lion et de la panthère. Si la girafe se trouve

LA GIRAFE ET SON PETIT.

acculée et qu'elle ne puisse se sauver, elle se défend avec ses pieds, et ses ruades sont tellement redoutables que souvent d'un seul coup elle brise les reins ou la tête de son ennemi.

LA CANE ET LES CANARDS

— Oh ! les jolis petits canards ! vois donc, ils sont bien petits pour aller à l'eau ! Il y en a qui ont peur, mais en voici un plus hardi que les autres qui s'élance à la rivière.

— Comme leurs ailes sont petites ! ils ne doivent pas pouvoir voler.

— Non, les canards nagent avant que de voler. Vois comme leur mère les encourage ! tout à l'heure, elle va se mettre aussi à l'eau pour les diriger, elle se placera devant eux afin de fendre l'eau et de leur éviter ainsi de la peine.

— Cette cane avait son nid dans les roseaux au bord de l'eau ; ses petits sont maintenant trop grands pour y rester, elle veut leur montrer à chercher eux-mêmes leur nourriture.

— Que mangent les petits canards ?

— Ils mangent des vers, des colimaçons et des herbes aquatiques.

— Comment se fait-il que l'eau ne mouille pas leurs plumes ?

— Parce que les plumes sont recouvertes d'une matière huileuse qui empêche l'eau de les pénétrer. Il en est de même pour tous les oiseaux nageurs.

LE RENARD

— Maman, Mathurin dit que toutes les poules de la basse-cour ont été tuées cette nuit par un renard. Qu'est-ce donc qu'un renard?

— Le renard est un animal du genre chien, plus petit que le loup, et facilement reconnaissable à son museau pointu, à sa queue longue et touffue et à son pelage roux fauve.

C'est le plus redoutable ennemi des lièvres, des lapins, des perdrix, des cailles; il saccage les poulaillers et emporte ses victimes dans son terrier.

On rencontre des renards dans presque tous les pays; ceux des régions polaires ont une fourrure particulièrement estimée. L'hiver dernier, ton papa en a tué un dans le bois et l'on a fait avec sa peau le joli tapis qui est au pied de ton lit. La chasse au renard est fort à la mode en Angleterre.

LE JAGUAR

— Quel est cet animal qui a l'air si méchant?

— C'est le jaguar, le plus grand des félins, après le lion et le tigre. Sa férocité et son audace sont extrêmes: il attaque l'homme et se jette sur les plus gros animaux. Sa force est telle qu'il peut facilement emporter un bœuf. Il grimpe aux arbres avec beaucoup d'agilité pour attraper les singes et pêche même le poisson.

Il y a beaucoup de jaguars à la Guyane, aussi les nègres qui travaillent dans les placers pour trouver de l'or, leur font-ils continuellement la chasse.

Celui-ci vient d'attaquer une pauvre gazelle. Au moment de la dévorer, il aperçoit un petit serpent qui peut le tuer d'une simple morsure.

— Ce serait bien fait pour le méchant jaguar.

LE SANGLIER

— Quelle différence y a-t-il entre le sanglier et le porc ?

— C'est le même animal ; la seule différence est que le sanglier vit à l'état sauvage dans les bois, et que le porc vit à l'état domestique dans les étables.

— Le sanglier a l'air bien plus féroce que le porc, et je me rappelle que papa a dit que c'est un animal dangereux. A la dernière chasse, le gros sanglier, dont on a rapporté la hure à la maison, a tué notre meilleur chien, tu sais ? ce pauvre Rustaud.

— C'est certainement malheureux pour Rustaud, mais le sanglier était dans son droit, il défendait sa vie.

— Qu'est-ce qui est le meilleur à manger, le sanglier ou le porc ?

— Le porc est bien meilleur. On l'engraisse pour en obtenir du lard, et son embonpoint énorme rend de très grands services aux campagnards. La chair du sanglier est très-dure et peu de morceaux peuvent se manger.

— Le sanglier a bien plus de poils que le porc, et c'est avec ses poils nommés soies qu'on fait les brosses de belle qualité. La femelle du sanglier s'appelle *laie ;* elle est très bonne mère et prend le plus grand soin de ses petits nommés *marcassins.*

LE TIGRE

— Je n'aime pas les chats, ils ressemblent un peu au tigre, et le tigre me fait peur. Il a l'air sournois ; quand il passe sa langue rugueuse sur ses lèvres, on dirait qu'il y sent encore le sang de sa dernière victime.

— Le tigre est en effet un animal cruel, sanguinaire, qui tue au delà de ses besoins, mais il n'est pas sournois, il est même très courageux ; c'est un des plus redoutables adversaires de l'éléphant.

Eh bien! alors, je le déteste encore plus, car j'aime les éléphants, et je suis bien sûr que ce ne sont pas eux qui attaquent les tigres, mais ceux-ci qui veulent manger les pauvres éléphants. Est-ce que tu ne trouves pas comme moi, maman, que les tigres ressemblent aux chats?

— Oui, mon enfant, et cela n'est pas étonnant, puisqu'ils sont de la même famille : les tigres, les panthères, les jaguars, les lions, les chats appartiennent à la race féline.

— Quand je serai grand, je ferai des voyages comme mon oncle ; il me donnera sa belle carabine, et j'irai à la chasse aux tigres et aux panthères ; ce sont de méchantes bêtes et, quoi que tu en dises, je trouve qu'elles ont l'air faux.

L'AIGLE

— J'ai vu des aigles au Jardin des Plantes ; je trouve qu'ils ont l'air noble et fier.

— Tu as raison. En effet, de même que le lion est le roi des animaux, de même aussi l'aigle est le roi des oiseaux. Tous deux ont la force qui leur assure l'empire sur les autres animaux : la magnanimité qui leur fait dédaigner, comme indignes d'eux, les proies trop faibles ; la tempérance, car ils ne mangent presque jamais leur gibier en entier. L'aigle a de plus les yeux étincelants et à peu près de la même couleur que ceux du lion, les ongles de la même forme, l'haleine aussi forte et le cri également effrayant.

— Est-ce qu'il y a des aigles en France ?

— Certainement, et dans d'autres pays aussi : en Suisse, en Allemagne, en Grèce, en Perse, etc. Si tu allais dans les Pyrénées tu pourrais en voir planer très haut dans les airs.

L'aigle construit son nid entre deux rochers, dans un endroit sec et inaccessible ; c'est là qu'il porte à ses petits le gibier qui doit leur servir de nourriture.

L'aigle vit plus de cent ans, il se laisse facilement apprivoiser.

LE CHAT SAUVAGE

Qui ne connaît le chat, le vrai chat de gouttière au pelage tigré, l'Angora aux poils longs et soyeux, Maître Minet enfin, la terreur des souris, l'ennemi né des chiens et des enfants taquins ?

Le chat est d'un extérieur gracieux, son ouïe est très fine, son agilité extrême et sa vue perçante : quelques espèces voient même pendant la nuit. Je ne vous apprendrai rien en disant qu'il craint l'eau et qu'il est naturellement propre.

Le chat ne s'attache pas à son maître, comme le chien ; il est plutôt l'animal de la maison. Il ne faut pas le taquiner, car il entre facilement en colère et, dans ce cas, griffe cruellement.

Tous les chats ne sont pas, comme ceux que vous connaissez, habitués à l'homme ; il y en a de sauvages, qui vivent dans les bois, faisant une chasse active aux lapins, aux lièvres, aux perdrix, etc.

Le chat sauvage est le type de la grande famille qui renferme le lion, le tigre, la panthère, le jaguar, le léopard et tant d'autres animaux féroces. On lui fait la chasse, surtout avec des pièges, afin d'avoir sa peau que l'on utilise pour se préserver des douleurs.

L'ÉLÉPHANT

— Moi, j'aime beaucoup l'éléphant ; il n'est pas beau, c'est vrai, mais il est très-bon ; voilà ce que disait la petite Marie en revenant du Jardin d'Acclimatation, où elle s'était alternativement promenée sur le dos des deux éléphants dressés à cet usage.

— Maman, de quel pays viennent les éléphants ? demanda Jules, son frère.

— Il en vient de l'Afrique et de l'Asie, mes enfants, répondit la maman.

— Sont-ils naturellement doux comme ceux que nous venons de voir, ou faut-il les dresser ?

— L'éléphant n'est pas un animal méchant, cependant il est redoutable lorsqu'il se met en colère, à cause de sa force extraordinaire ; d'un coup de pied il écrase un homme, et avec sa trompe il déracine les arbres et les brise avec autant de facilité que vous cassez des allumettes.

— Mais si les éléphants que nous venons de voir se mettaient en colère, que deviendraient les enfants qui sont dessus ?

— Les éléphants ne se mettent en colère que lorsqu'on les maltraite ; c'est pourquoi il faut bien se garder de les agacer.

LE LION

 — C'est bien dommage que le lion soit un animal aussi méchant, disait la petite Camille, il est si beau, il a l'air si noble ! Quand il redresse sa tête et vous regarde en face, il vous fait presque baisser les yeux.

 — Ce n'est pas par méchanceté que le lion tue les gazelles, les cerfs, les moutons et les chèvres, c'est pour assouvir sa faim. Dieu l'a créé carnivore, c'est-à-dire mangeur de chair, et, sous peine de mourir, il faut qu'il chasse et qu'il tue ; il n'est pas plus cruel que nous, qui élevons des bœufs, des moutons, des lapins, des volailles pour les manger ensuite.

 — C'est vrai, maman ; les veaux, les moutons, les poulets doivent nous trouver très-méchants !

 — Il est probable que si elles pouvaient parler, ces pauvres bêtes se plaindraient de nous ; mais à cela il n'y a rien à dire ; Dieu a créé certains animaux pour servir de pâture aux autres et l'homme pour régner sur la nature : nous n'avons pas à discuter là-dessus, mais à remplir avec sagesse l'emploi pour lequel nous avons été mis sur terre.

LES PHOQUES

— Papa, vois donc quels drôles de poissons !

— Ce ne sont pas des poissons, mais des phoques. Ces animaux ont, comme tu le vois, le corps allongé et recouvert de poils rudes et courts. Leur tête ressemble un peu à celle du chat, leurs yeux sont grands et vifs.

— Mais comment marchent-ils ?

— Le phoque se meut difficilement à terre : il rampe en s'aidant de ses deux membres antérieurs, sortes de nageoires terminées par cinq griffes. Dans l'eau, où il passe la plus grande partie de sa vie, il est bien autrement agile ; il nage avec rapidité.

Les phoques se rencontrent dans toutes les mers, mais plutôt dans les régions polaires que sous les climats chauds. Ils se nourrissent de mollusques et de poissons. Ces animaux sont fort intelligents et même susceptibles d'une certaine éducation. On les chasse pour leur peau qui fournit un très bon cuir et pour la graisse que l'on retire de leur corps. Leur chair n'est pas mauvaise à manger.

LA BALEINE

— Oh! quelle grosse vilaine bête! comment se nomme-t-elle?

— C'est une baleine; vois cette grande mâchoire, elle est garnie non pas de dents, mais d'espèces de lames longues et flexibles qu'on nomme des *fanons*. C'est avec ces fanons qu'on fait les baleines des corsets et des parapluies. On tire aussi beaucoup d'huile du corps de cet animal; aussi les hommes font-ils une chasse acharnée à la baleine, ils la cherchent jusque dans les mers glaciales pour s'en emparer.

C'est avec des barques montées par des hommes armés de harpons qu'on poursuit la baleine. Le harpon est une espèce de grosse flèche attachée au bout d'une corde solide, qu'on lance et qui se pique dans la chair de l'animal.

Quand la baleine a reçu beaucoup de coups de harpons, elle s'affaiblit par la perte de son sang, et alors les matelots l'entraînent jusqu'au navire, où on la dépèce; on abandonne aux oiseaux de mer les débris qui ne servent à rien.

LE RAT ET LES CANARDS

Regardez comme la mère cane est inquiète, comme elle s'alarme pour ses petits. C'est qu'elle vient de voir, sur le bord de la mare, un ennemi, un rat d'eau ; tous ses petits se serrent contre elle, ils savent bien déjà qu'elle se ferait tuer plutôt que de les abandonner.

Les rats sont extrêmement voraces ; ils mangent de tout ; quand ils sont poussés par la faim, ils se dévorent entre eux. Lorsqu'ils ont pu s'introduire dans les habitations, ils y font des dégâts considérables.

Il en existe de très nombreuses variétés. Le rat ordinaire, la souris, le rat des champs, le rat d'eau, le mulot, tous ces animaux que vous connaissez appartiennent à la même famille.

Le rat est brave, il se défend avec courage contre le chat et même contre le chien.

L'OURS BLANC

Voici un animal bien connu des habitués du Jardin des Plantes en général et de Monsieur Bébé en particulier. C'est l'ours, l'ours Martin, le favori des enfants, des badauds et des militaires qui, du matin au soir, entourent, appuyés sur la balustrade, là fosse profonde où il est enfermé.

— Allons, Martin, fais le beau!

— Monte à l'arbre, Martin ! Martin, monte à l'arbre.

— Si tu n'obéis pas, tu n'auras pas de gâteau.

Et le docile Martin obéit, il fait le beau, se dressant sur ses pattes de derrière, attendant, la gueule ouverte, le morceau de pain qu'on lui jette pour récompenser sa bonne volonté. Il monte aussi à l'arbre, car, malgré son apparente lourdeur, il grimpe avec beaucoup d'agilité.

C'est l'ours brun qui fait ainsi les délices du bon peuple de Paris; c'est lui que l'on voit dans les foires de nos villages, amené par des bateleurs. Il apprend en effet facilement toutes sortes de tours, à marcher et à danser sur ses pattes de derrière.

L'ours blanc est loin d'avoir les mêmes talents. Il habite les régions polaires, le séjour des glaces éternelles. Il se nourrit de poissons qu'il prend en plongeant, mais plus ordinairement de phoques. La baleine n'a rien à craindre de l'ours blanc, mais les petits baleineaux deviennent souvent sa proie.

Les ours communs, bruns ou noirs, se trouvent dans toutes les parties du monde. Ils vivent solitaires dans les montagnes. Quand vous irez en Suisse ou dans les Pyrénées, vous en verrez peut-être de loin, car ils ne se laissent pas facilement approcher.

L'ours commun se nourrit ordinairement de racines, de graines et de fruits; il est très friand de miel; il ne mange de chair que lorsqu'il y est forcé par la faim. Son odorat est très fin et sa vue excellente.

On chasse l'ours pour sa fourrure qui est assez estimée; on en fait des tapis et des couvertures. Sa chair est bonne à manger.

9 782019 955779